Schon immer haben Menschen in ihren Träumen nach versteckten Bedeutungen und Botschaften gesucht.

Die Menschen im alten Ägypten und Griechenland glaubten, dass ihnen diese Botschaften von übernatürlichen Mächten gesandt wurden, und sahen die Traumdeutung als hochgeschätzte Kunst, mit der sich Adlige und angesehene Machthaber*innen gern beschäftigten.

Inzwischen sind wir mit den Arbeiten von Sigmund Freud und Carl Jung aus dem letzten Jahrhundert bestens vertraut, sodass wir unsere Träume psychologisch interpretieren können. So sind sie mehr als zuvor eine Quelle der Orientierung, Inspiration und Kreativität, die unserem tiefsten Inneren entspringt.

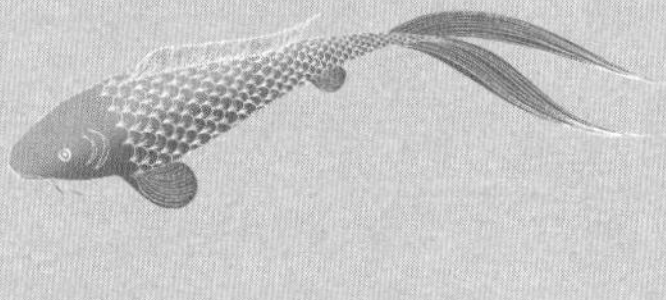

Ihre Träume werden zu Ihren Therapeut*innen – und sind billiger als eine Psychotherapie!

Jedes Mal, wenn Sie einschlafen, gibt Ihr träumender Geist Ihnen Orientierung, Geborgenheit, Warnungen und Antworten auf Ihre Fragen. Das Problem ist nur, dass die meisten von uns nicht wissen, wie sie die Traumsymbole deuten sollen. So verpassen wir eine einmalige Gelegenheit, unser Leben selbst in die Hand zu nehmen.

Diese illustrierten Traum-Orakel-Karten verraten die Bedeutung der 60 meistgeträumten Träume.

Die Chancen stehen gut, dass Sie all diese 60 Träume in Ihrem Leben einmal haben werden. Immer, wenn Sie zukünftig einen dieser Top-60-Träume durchleben, nehmen Sie die Karten zur Hand, um seine versteckte Bedeutung zu entschlüsseln. So können Sie tiefreichende Fragen und Sorgen klären, die diesem Traum zugrunde liegen. Auf diese Weise nutzen Sie die Macht der Träume, um Ihr Leben in positive Bahnen zu lenken.

Lassen Sie sich von den *Traumdeuter*-Karten ermutigen, sich jeden Tag an Ihre Träume zu erinnern.

Die Forschung legt nahe, dass Menschen, die sich an ihre Träume erinnern, insgesamt gesünder und gelassener sind. Wenn es Ihnen schwerfällt, sich an Ihre Träume zu erinnern, dann bedeutet das nicht, dass Sie nicht träumen, sondern nur, dass Sie sich nicht an Ihre Träume erinnern.

Legen Sie Stift und Schreibblock neben Ihr Bett, damit Sie gleich nach dem Aufwachen Ihre Träume notieren können – wenn Sie nicht im Moment des Wachwerdens alles aufschreiben, verschwinden die Erinnerungen an den Traum schnell wieder aus Ihrem Gedächtnis.

Wenn Sie Ihre Träume zu Papier bringen (oder sie kurz zeichnen), sollten Sie der Logik keinerlei Beachtung schenken. Schreiben Sie einfach die Assoziationen auf, die Ihnen in den Sinn kommen, mögen sie Ihnen auch noch so absurd erscheinen.

Es lohnt sich auch, vor dem Schlafengehen an eine Frage zu denken, um später zu erfahren, welche Antworten Ihr träumender Geist Ihnen sendet.

Lesen Sie jede Karte mehrmals und langsam, denn so werden Sie jedes Mal neue Bedeutungen oder Assoziationen entdecken. Betrachten Sie auch die Illustrationen. Sie können Ihnen ebenfalls hilfreiche Interpretationen liefern.

Entspannen Sie Ihren Geist, wenn Sie sich mit einer Karte beschäftigt haben, und überlegen Sie, was Ihnen dazu einfällt. Je stärker Sie sich auf die Bedeutung der Träume konzentrieren, desto mehr Träume tauchen in Ihrer Erinnerung auf.

Darüber hinaus ist die Verwendung dieser 60 Träume mit den damit verbundenen Bildern als Fokus für eine tägliche Meditation eine wirksame Möglichkeit, Ihren träumenden Geist daran zu erinnern, sich vor allem auf die lebensbejahenden Botschaften zu konzentrieren.

Die Karten sollen Ihnen helfen, sich an all die erstaunlichen Träume zu erinnern, die Sie erhellen und inspirieren können. Machen Sie Träume zu einem geschätzten Teil Ihres Lebens.

Wenn Sie die Karten gern gemeinsam mit Freund*innen anwenden möchten, sind hier einige zusätzliche Spiel-Möglichkeiten:

Freudscher Fehler
Ziehen Sie abwechselnd eine Karte und versuchen Sie, die Zeichnung zu deuten. Sie bekommen einen Punkt, wenn Sie die Bedeutung richtig interpretieren.

Wer träumt denn sowas?
Jede*r zieht eine oder mehr Karten mit Träumen, die er oder sie schonmal hatten. Mischen Sie die gewählten Karten, ziehen Sie nacheinander eine Karte und raten Sie, wessen Traum das wohl gewesen ist. Sie bekommen einen Punkt für jeden richtigen Tipp.

Wovon träumst du?
Wählen Sie eine Karte mit einem Traum, von dem Sie meinen, dass er zu einem/r der Mitspielenden passt. Erklären Sie Ihre Wahl.

Lebe deinen Traum
Wählen Sie eine beliebige Karte und stellen den abgebildeten Traum pantomimisch dar. Die anderen müssen erraten, um welchen Traum es sich handelt.

Wer träumt am meisten?
Gehen Sie alle Karten durch und schauen Sie, welchen der Träume Sie schon hatten, um herauszufinden, wer von Ihnen der/die größte Träumer*in ist. Welchen Traum hatten die meisten von Ihnen? Und welcher Traum wiederholt sich am häufigsten?

Traumgruppen

Oft ist ein einziger Traum voller Bilder jeder Art und offen für mehrere Interpretationen. Bestimmte Traumthemen sind jedoch in allen Kulturen zu finden. Die 60 Träume in diesen Karten wurden in die folgenden Kategorien eingeteilt: **Angstträume,** Träume über **Krisen,** Träume über die **Natur,** Träume über **Gegenstände** und andere alltägliche Dinge oder Handlungen, Träume über **Menschen** und **Beziehungen,** Träume über **Orte** und Träume über Situationen, die zwar seltsam, aber überwältigend **positive Erlebnisse** sind.

ZUSPÄTKOMMEN

VERLOREN GEHEN,
ETWAS VERLIEREN

UNVORBEREITET SEIN

AUSSER KONTROLLE
GERATENES AUTO ODER
RASEREI

DEN/DIE PARTNER*IN
BETRÜGEN

FALLEN

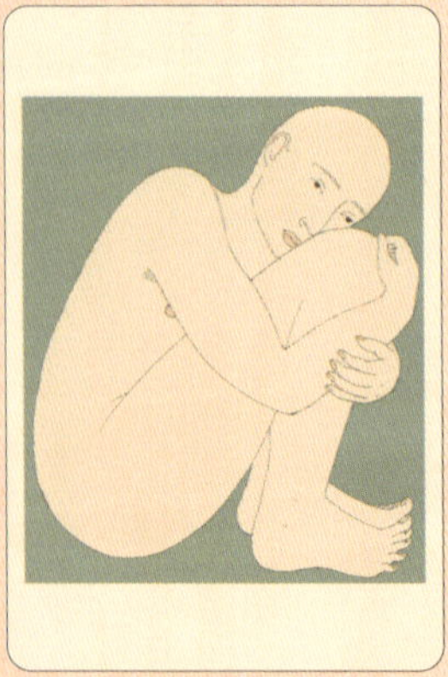

EINGESPERRT SEIN

NACKTHEIT

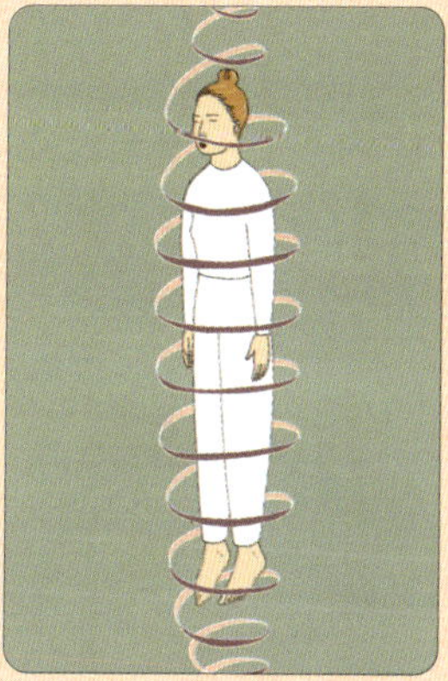

LÄHMUNG

AUSSERIRDISCHE/
ROBOTER

AUSFALLENDE ZÄHNE

UNFÄHIG, EINE TOILETTE
ZU FINDEN

UNFÄLLE

APOKALYPSE

VERFOLGT WERDEN

TOD ODER STERBEN

DÄMON ODER MONSTER

KATASTROPHEN

ERTRINKEN

FEUER

KRISEN

EINDRINGLINGE

MORD

NATUR

TIERE

VÖGEL

BLUMEN

INSEKTEN/REPTILIEN

BÄUME/BERGE/GÄRTEN

WASSER

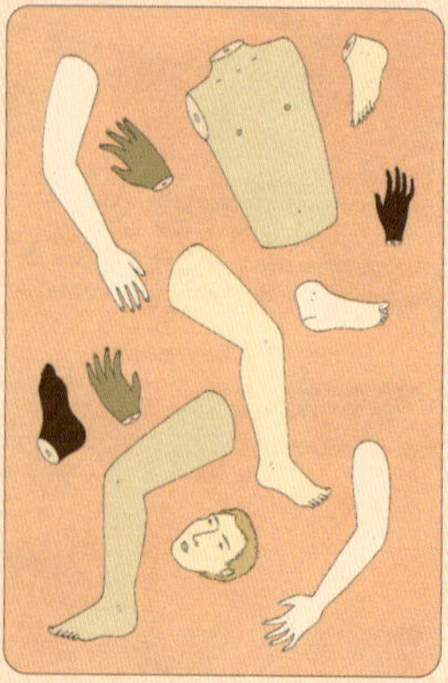

KÖRPERTEILE

BÜCHER/SCHREIBEN/
WÖRTER

HANDYS

KLEIDUNG

ESSEN ODER TRINKEN

GELD

MUSIKINSTRUMENTE

ZAHLEN

EINKAUFEN

SOZIALE NETZWERKE

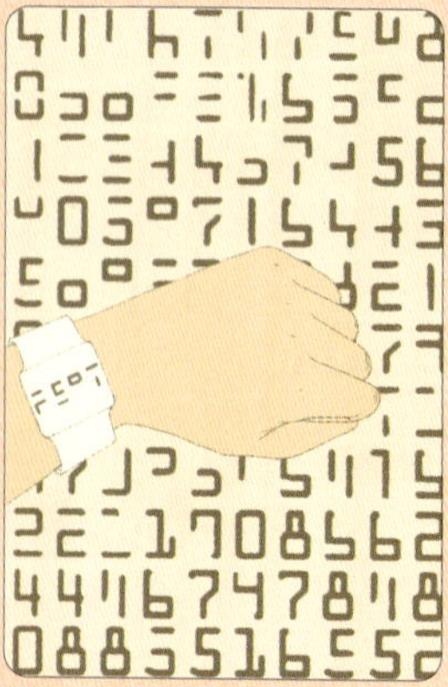

TECHNOLOGIE

TRANSPORT

SCHAUSPIELER*IN/
PROMINENTE*R

BABY/GEBURT

KINDER

VERSTORBENE

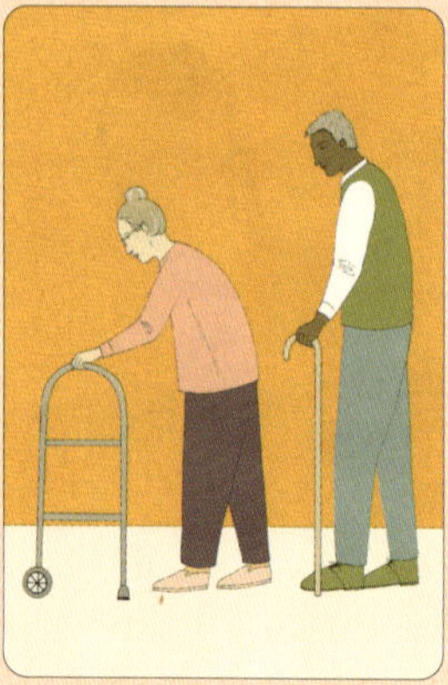

ÄLTERE MENSCHEN

FAMILIE

MENSCHEN

RELIGIÖSE ODER
SPIRITUELLE FIGUREN

SEX

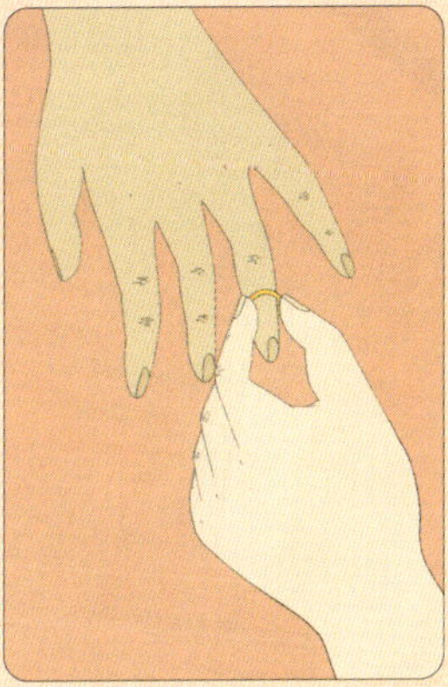

HOCHZEIT/TRAUUNG

STRAND

GEBÄUDE

BURGEN/ALTE GEBÄUDE/
GRÄBER

SCHULE

EIN UNBEWOHNTES,
GEHEIMES ODER
UNGENUTZTES ZIMMER

BEI DER ARBEIT

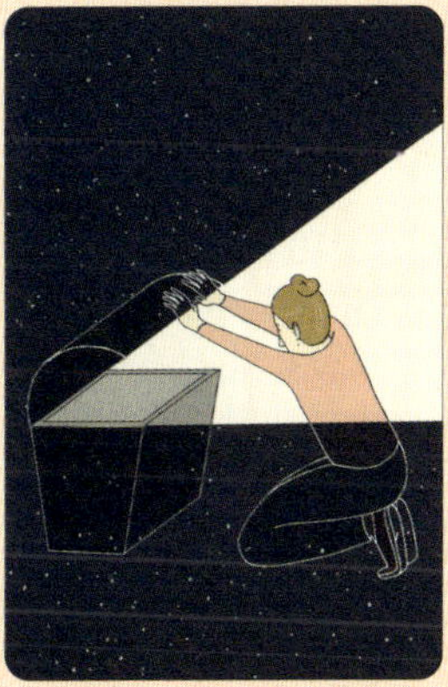

ETWAS WERTVOLLES FINDEN

FLIEGEN OHNE FLÜGEL

VORANSCHREITEN

SUPERHELDENKRÄFTE

Text von Theresa Cheung

Theresa Cheung hat einen Abschluss vom King's College, Cambridge. Sie forscht und schreibt seit über 20 Jahren über Spiritualität und persönliche Transformation. Zwei ihrer Bücher finden sich unter den Top 10 der *Sunday Times*. Unter ihren zahlreichen Bestsellern befinden sich auch *The A to Z Dream Dictionary* (2019) und *21 Rituals To Change Your Life* (2017). Ihre Bücher wurden in über 40 Sprachen übersetzt und ihre Texte erscheinen in Zeitungen und Magazinen. Sie hat mit Piers Morgan auf GMTV über Spiritualität debattiert und hatte einen Auftritt in Russell Brands *Under the Skin*.

Illustrationen von Harriet Lee-Merrion

Harriet Lee-Merrion ist eine preisgekrönte Illustratorin. Sie lebt in Bristol, Großbritannien. Ihre Arbeiten erschienen in Publikationen wie der *New York Times*, der *Washington Post* und dem *Guardian* und wurden in New York, London und Berlin ausgestellt.

ÜBERSETZUNG VON BIRGIT VAN DER AVOORT